DIE HALBINSEL SINAI

Text von

Giovanna Magi

BONECHI

Druck in Italien: Centro Stampa Editoriale Bonechi – Sesto Fiorentino

Projekt und Verlagsidee: Casa Editrice Bonechi
Verlagsdirektor: Monica Bonechi
Bildsuche: Serena de Leonardis
Graphische Gestaltung und Umschlag: Laura Settesoldi
Redaktion: Giovannella Masini
Text: Giovanna Magi
Übersetzung: Heide Marianne Siefert, Studio Comunicare, Florenz

Die von Serena de Leonardis, Marco Eletti, Paolo Giambone, Andrea Innocenti, Stefano Landini *und* Red Sea Marine *hergestellten Fotos sind Verlagseigentum der* Casa Editrice Bonechi.
Seiten 15 oben, 16, 22 rechts, 23, 24 unten links, 25 oben rechts, 27 oben rechts, 29, 33: Ghigo Roli;
Seiten 91-95: Andrea Ghisotti.

ISBN 88-7009-948-2

Nicht selten begegnet man einem Beduinenstamm in der Wüste.

DIE HALBINSEL SINAI

GEOGRAPHIE

Die Halbinsel Sinai wurde häufig beschrieben als "sechzigtausend Quadratmeter Nichts". Tatsächlich gleicht die Sinai-Halbinsel auf den ersten Blick einer endlosen Mondlandschaft mit kahlen und öden Bergriesen, ausgetrockneten Wadis und steinigen Ebenen, in denen es seit Urzeiten weder menschliche Siedlungen noch Tiere gegeben hat.
Abgesehen von vereinzelten Beduinenstämmen, die ihre großen schwarzen Stoffzelte längst gegen phantasielose Wellblechhütten ausgetauscht haben, gehört die Wüste heute wie vor dreitausend Jahren dem Fuchs und dem Wolf, der Gazelle und der Wildziege.
Der Name Sinai geht möglicherweise auf die von den Wüstenbewohnern verehrte Mondgöttin Sin zurück oder auf das semitische Wort "sen", das "Zahn" bedeutet.
Vor rund zwanzig Millionen Jahren bildeten Ägypten, Sinai und die arabische Halbinsel ein zusammenhängendes Land. Dann führten riesige Erdumwälzungen zur Trennung der Landesteile, und die südliche Halbinsel Sinai wurde durch zwei große Golfe getrennt: den Golf von Suez im Westen, dessen tiefste Stelle kaum 95 Meter beträgt, und den Golf von Akaba im Osten, der indessen 1.800 Meter Tiefe erreicht. Dieser Golf gehört zu dem großen Grabensystem - sog. Rift - das sich von der Taurus-Kette bis nach Kenia erstreckt. Die großen seismischen Bewegungen der Vergangenheit und die Eruptionserscheinungen haben das Landschaftsbild des Sinai geprägt. Die Gebirge erreichen hier Höhen von 750 bis 2500 Metern; die bedeutendsten sind der Djebel Musa mit 2285 Metern und der Djebel Katherin, mit 2642 Metern der höchste Berg der ganzen Halbinsel.
Der gesamte südliche Sinai gleicht einer wilden Bergkulisse, in der die mannigfach gefärbten Gesteinsschichten von der tausendjährigen Geschichte dieses Landes voll herber Schönheit erzählen.
Der Sinai ist reich an Mineralien: von Kalkstein in ver-

schiedenen Ocker- und Weißtönen bis Mergel, dessen breite dunkelbraune Schichten sich mit grünlichen Feldspatstreifen abwechseln; von dem schönen dunkelblauen Azurit bis zu Granit in sämtlichen Grau-, Rosa- und Gelbvariationen.
Im südlichen Sinai fallen jährlich nur 60 Millimeter Regen, der in den zahlreichen Wadis dichtes Grün erzeugt. Im Winter sind die Niederschläge oft so reichlich, daß sich die natürlichen Brunnen rasch füllen und grüne Oasen mit Palmen und Tamarisken entstehen lassen.
Die Ostküste, die von Scharm-esch-Scheich am Kap Ras Mohammed bis Taba reicht, zeichnet sich durch zahlreich aufeinander folgende Korallenbänke aus; sie schaffen die idealen Voraussetzungen für eine Meeresflora und -fauna, deren Artenreichtum in anderen Meeren nicht ihresgleichen hat.

GESCHICHTE

"*Die ganze Gemeinde der Israeliten brach von Elim auf und kam in die Wüste Sin, die zwischen Elim und dem Sinai liegt. Es war der fünfzehnte Tag des zweiten Monats nach ihrem Auszug aus Ägypten*" (Exodus, 16:1). So ging Sinai mit einem genauen Datum in die Weltgeschichte ein. Trotz der widersprüchlichen Meinungen von Historikern, Wissenschaftlern und Archäologen wird der Sinai von jeher in Verbindung gebracht mit dem biblischen Exodus, mit den Wanderungen der Söhne Israels, mit den Gesetzestafeln, die Gott Moses gab.
Der Sinai ist mehr als dramatischer Schauplatz eines biblischen Geschehens: hier spielte sich eines der wichtigsten Ereignisse der Menschheit ab, insofern als ein Mann, der in einem polytheistischen historischen Kontext geboren und aufgewachsen war, seinem Volk die Gesetze eines einzigen Gottes gab. Dabei ist es wenig von Bedeutung, ob der Zug der Isrealiten mehr im Norden oder im Süden stattfand, und auch die Streitfrage der Wissenschaftler über die genaue Position des Berges, auf den Moses stieg, tritt in den Hintergrund angesichts der Tatsache, daß sich in diesem einsamen und wilden Land ein Ereignis abspielte, das die Geschichte verändert hat.
Aber dieses Land ist nicht nur in religiöser Hinsicht von Bedeutung: die Heere vieler Mächte, darunter die der Ägypter unter Thutmosis III. und Ramses II., des Perserkönigs Kambyses II., die griechischen Heere Alexanders d. Großen und die des Seleukidenkönigs Antiochos zogen durch dieses Gebiet. Und weiter die Araber und die Kreuzfahrer, Napoleon und Lawrence von Arabien bis zu den jüngsten Streitkräften Israels und Ägyptens.
Hier auf dem Sinai verläuft die Straße, auf der sich Tausende von ägyptischen Sklaven hinschleppten, die in den Kupfer- und Türkisbergwerken arbeiteten. Auch unzählige Pilger, Christen und Asketen wanderten in Verfolgungszeiten durch das Sinaigebirge, wo sie Rettung und Trost im Gebet fanden, trotz der Gefahren und Entbehrungen, die sie ständig durch die feindlich gesinnten Stämme und die unwirtliche Natur erdulden mußten.
Der Überlieferung nach ereigneten sich auf dem Sinai bekannte Episoden im Zusammenhang mit der Moses-Geschichte, vom brennenden Dornbusch bis zur Speisung des Volkes mit dem Himmelsbrot Manna, doch das wichtigste Ereignis war der Augenblick, als Gott dem Volk Israel die Gesetzestafeln gab.
Das Studium der Natur lieferte eine wissenschaftliche Erklärung für die beiden ersten Episoden.
"*Dort erschien ihm der Engel des Herrn in einer Flamme, die aus einem Dornbusch emporschlug*" (Exodus 3,2). Es gibt sogar zwei Thesen, die dieses Phänomen erklären. Die erste beruht auf der Existenz einer *Dictamnus albus* genannten Gaspflanze, an der unzählige Bläschen sitzen, die mit einem flüssigen, leicht entflammbaren Öl gefüllt sind. Der zweiten These liegt die Tatsache zugrunde, daß in diesem Gebiet der *Loranthus acaciae* wächst, eine Mistel mit purpurfarbenen Blüten, die, wenn sie voll erblüht sind, wie ein flammender Busch aussehen.
Was die zweite Episode vom "Himmelsbrot" betrifft, so sammeln die Beduinen noch heute früh am Morgen das Mann-es-sama: es ist süß wie Honig, sieht aus wie Koriandersamen und wächst auf der *Tamarix mannifera*, einer in dieser Gegend weitverbreiteten Akazienart.
Über die dritte und bekannteste Episode berichtet die Bibel, daß Gott sich Moses auf dem Berg Sinai offenbarte: "*... und kamen in die Wüste Sinai. Sie schlugen in der Wüste das Lager auf. Dort lagerte Israel gegenüber dem Berg. Mose stieg zu Gott hinauf*" (Exodus 19,2 u. 3). "*Da ging Mose zum Volk hinunter und sagte es ihnen. Dann sprach Gott alle diese Worte: 'Ich bin Jahwe, dein Gott... Du sollst neben mir keine anderen Götter haben*" (Exodus 19,25; 20, 2 u. 3).
Einer der beiden Gipfel Djebel Musa und Ras-es-Safsafeh, die sich in diesem Gebiet befinden, wird heute mit dem Berg der Gesetzestafeln identifiziert.
Eine Reihe gründlicher wissenschaftlicher Untersuchungen wirft heute ein neues Licht auf den beschwerlichen Marsch der Juden durch die Wüste, einen Marsch mit einer riesigen Gemeinschaft von Menschen und Tieren, der über vierzig Jahre dauerte, immer auf der Suche nach einem Brunnen oder einer grünen Oase.
Niemand weiß genau, wieviele Menschen damals im April unter der Regentschaft Ramses' II. Ägypten verließen: sicher kann es sich nicht um drei Millionen gehandelt haben, von denen im Buch Exodus die Rede ist! Realistischer ist dagegen die Zahl, die der Archäologe Flinders Petrie angibt, nämlich etwa 27.000.
Heute gibt es drei Theorien über den mutmaßlichen Weg des Auszugs, den Moses von Ägypten in das Gelobte Land Kanaan wählte.
Die erste ist die traditionelle Meinung, daß die Israeliten in der Nähe von Suez das Rote Meer erreichten und den Kanal bei Ain Musa überquerten. Der zweiten Theorie nach erfolgte der Auszug weiter im Süden,

Auf der vorausgehenden Seite die Felsenwüste und die Berge des Sinai.

Drei Luftaufnahmen der einmaligen Landschaft am Roten Meer.

und das Volk überquerte den Golf bei Ain Sukhna. Die letzte, heute glaubhafteste These schließlich geht davon aus, daß der Marsch sich viel weiter nördlich vollzog, das heißt im Nildelta in Richtung Bitterseen. Dafür sprechen verschiedene Tatsachen. Einmal gab es nur im Norden genügend Weideland, Vegetation und Oasen, um eine so große Anzahl von Menschen und Tieren vierzig Jahre lang zu ernähren. Auch der Tamariskenbaum, der das Manna produziert, kommt viel häufiger im Norden als im Süden vor. Zum zweiten hätten die Hebräer, wären sie nach Süden gewandert, auf ihrem Weg zahlreiche Garnisonen ägyptischer Soldaten angetroffen, die Ramses II. zur Bewachung der auf dem Sinai wieder in Betrieb genommenen Kupfer- und Türkisbergwerke aufgestellt hatte: ein Risiko, das die Hebräer sicher vermieden hätten.
Ganz gleich, welchen Weg Moses und das israelitische Volk damals gewählt hatten, sicher ist, daß die Orte des Sinai - nicht zuletzt wegen des Katharinenklosters - heute wie vor Jahrhunderten ein Anziehungspunkt sind für Pilger und Gläubige, Reisende und Touristen, die den Pfaden des Glaubens und der Tradition folgen, auf denen Fremde und Bewohner dieser Stätten einst dahinzogen.

Zwei Bilder von der Na'ama Bay, einer Bucht in der Nähe der Stadt Scharm-esch-Scheich, das zu einem wichtigen Touristenzentrum mit guten Fremdenverkehrseinrichtungen geworden ist.

SCHARM-ESCH-SCHEICH

Scharm-esch-Scheich erwarb sich in den vergangenen Jahren den Ruf eines heißbegehrten Ferienziels. Aufgrund der außergewöhnlich strategischen Lage des Ortes am Zusammenfluß der Golfe von Suez und Akaba konnten die isrealitischen Soldaten während des Sechstagekrieges bis hierher vordringen. Damit begann die Entwicklung dieses Städtchens, die noch heute andauert. Als im Anschluß an die Verträge von Camp David Sinai an Ägypten zurückgegeben wurde, zerstörte man Schützengräben und Bunker, und die Militärgebäude wurden zu Ferienwohnungen umgebaut.
Scharm-esch-Scheich hat zweifellos seinen besonderen Reiz. Praktisch aus dem Nichts entstanden, liegt es zwischen dem Felsmassiv des Sinai und dem davor sich erstreckenden, unbeschreiblichen Blau des Roten Meeres.
Im Verlauf von nur wenigen Jahren entstanden hier Hotelkomplexe ersten Ranges, die mit allem Komfort ausgestattet sind und sich auch für Langzeiturlaub hervorragend eignen.
In Scharm-esch-Scheich findet der Tourist ein vielseitiges Ferienangebot: von Sporttauchen - wobei eine einfache Taucherbrille genügt, um die Fische zu bewundern, die ohne jede Furcht vor dem Menschen ruhig

Die herrliche Bucht Na'ama Bay mit modernen Hotelkomplexen und Strand.

Panorama von Scharm-esch-Scheich, im Hintergrund das Sinai-Gebirge.

dahinschwimmen - bis Reiten mit Pferd oder Kamel, Ausflüge auf den Sinai, wo überwältigende Panoramen uns in biblische Zeiten zurückversetzen, Bootsfahrten, Spaziergänge an der Sandküste und herrliche Sonnenbäder am Strand, oder ein gemütlicher Einkaufsbummel durch die charakteristischen Läden, in denen typisches Kunstgewerbe, ägyptische Gewänder und Beduinenkleidung feilgeboten werden.
Am Abend wird Scharm-esch-Scheich zu einer zauberhaften Kulisse. Überall im Ort gehen die Lichter an, die Sträßchen beleben sich, vor den Restaurants füllen sich die Tische mit Menschen.
Man raucht "narghile", man trinkt arabischen Kaffee, man ißt "italienisches Eis", und aus allen Lokalen tönt Musik.
Auftakt zu einer langen Nacht in Scharm-esch-Scheich, in Erwartung eines neuen Tages, der wieder angefüllt ist mit Ferienspaß und Erholung.

HELNAN MARINA SHARM

Auf diesen Seiten Bilder vom Strand und Meer in Scharm-esch-Scheich.

Die Hotelstrände in Scharm-esch-Scheich mit ihren typischen Sonnenschirmen, Palmen und blühenden Oleandersträuchern.

In der Na'ama Bay, dem Touristenzentrum von Scharm-esch-Scheich, liegen hochmodern eingerichtete Hotelkomplexe. Auf den Fotos die Swimmingpools von drei Hotels: Novotel, Gafy Land und Hilton Fayrouz.

In Scharm el-Shech besitzt jedes Hotel einen eigenen, hervorragend ausgestatteten Strand.

BAY JETTY

Jeden Tag fahren zahlreiche begeisterte Sporttaucher mit Schiffen hinaus, um die Wunder und Geheimnisse in den Tiefen des Roten Meeres zu entdecken.

Das Golf Hotel mit seinen Spielfeldern in Scharm-esch-Scheich.

Das kristalklare Meer bei Scharm-esch-Scheich und die ausgezeichneten Strandeinrichtungen.

NAPOLEON GLASS BOAT

Die Bucht von Scharm-esch-Scheich und das herrliche Meer.

In Scharm-esch-Scheich gibt es Mieträder und gutes einheimisches Kunstgewerbe.

Die Bilder vermitteln einen Eindruck von der freundlichen Atmosphäre in den Straßen von Scharm-esch-Scheich mit seinen Geschäften, Restaurants und Handwerkern, denen man bei der Arbeit zusehen kann.

TAKE AWAY ALX.

EL KODS TRADING CO
P.V.C

In der Umgebung von Scharm-esch-Scheich befindet sich Shark Bay, ein Paradies für Sporttaucher.

SHARK BAY

Im Gegensatz zu dem recht gefährlich klingenden Namen - Haifischbucht - handelt es sich um einen paradiesisch ruhigen Ort von unbeschreiblicher Schönheit. Sanfte Wellen umspülen den steinigen Strand dieser kleinen, von felsigen Dünen geschützten Bucht. Wenige Schwimmstöße vom Ufer entfernt beginnt das Riff. Hier taucht man in eine irreale und phantastische Welt ein, bevölkert mit Lebewesen, die eher der Vision eines abstrakten oder psychedelischen Bildes entnommen scheinen als den strengen Gesetzen der Natur.
Man hat den Eindruck, daß der Mensch sich scheut, dieses bezaubernde, noch unberührte Fleckchen Erde zu betreten. Weit und breit keine auffälligen Gebäude, nur Beduinenzelte, zuweilen mit einer Pergola bedeckt, und die Liebenswürdigkeit der Einheimischen, die den Besuchern mit einem Lächeln ihre geradezu sprichwörtliche Gastfreundschaft anbieten.

Der Strand und der Küstenabschnitt von El Fanar. Unter dem kristallklaren Wasser breitet sich das wunderschöne Riff aus.

RAS
MOHAMMED
NATIONAL PARK

Auf der Straße zum Ras Mohammed National Park kommt man an diesen kuriosen Pyramiden und künstlichen Felsbögen vorbei.

Luftaufnahme der Küste von Ras Mohammed mit ihren Korallenbänken.

RAS MOHAMMED NATIONAL PARK

Zur Freude aller, die eine unberührte und intakte Natur lieben, die den Reichtum und die Varietät der Meeresflora und -fauna erforschen möchten, ist der wenige Kilometer von Scharm-esch-Scheich entfernte Ras Mohammed National Park zweifellos der ideale Ort.
Der Park, seit 1983 erklärtes Naturschutzgebiet, liegt zwischen dem Golf von Akaba im Osten und dem Golf von Suez im Westen. Eine Reihe farblich markierter, vorgeschriebener Wege quer durch den Park geben dem Besucher Gelegenheit, malerische Winkel, versteckte Buchten, einsame Strände und kuriose landschaftliche Ausblicke zu entdecken.
In diesem Park haben zahlreiche Tierspezies eine sichere Heimat gefunden: der Wüstenfuchs und die Hyäne, die Gazelle und der Ibis, der *Pandion haliaetus* oder Fischadler, der weiße und schwarze Storch sowie der elegante Fischreiher.
Aufgrund der besonderen Wasserverhältnisse - das Meer ist hier transparent, mit Temperaturen bis 20 Grad - befindet sich in Ras Mohammed eine der schönsten Korallenbänke der Welt.
In diesem Riff leben über 150 verschiedene Korallenarten sowie Tausende von Fischspezies, die auch im Roten Meer zu Hause sind. Wir können sie hier nicht alle aufzählen, erwähnt seien nur der Cheilinus undulatus mit seiner leuchtend apfelgrünen Farbe oder der Thalassoma purpureum, dessen türkisfarbener Körper mit rötlichen Streifen verziert ist, oder der Chaetodon semilarvatus mit schwarzem Auge im orangefarbenen Körper, dann der königliche Engelsfisch oder Pygopli-

Aus den sandigen Meeresgründen tauchen uralte Korallenformationen auf.

Seite gegenüber, Ras Mohammed National Park: die Atemwurzeln der Magrovengewächse (Avicennia marina) *und der bogenförmige Verlauf der Yolanda Bay.*

tes diacanthus mit gelbblauer Streifung.
Faszinierend ist auch die gefährliche Schönheit des berühmten Synanceida verrucosa oder Steinfisches, der sich dank seiner Tarnfarbe der Umgebung anpaßt und von dem sandigen Meeresgrund nicht zu unterscheiden ist.
Was die Flora betrifft, so gibt es in Ras Mohammed trotz der kargen Vegetation herrliche Mangrovenwälder. Die hier im Park vorkommende Mangrovenart ist sonst nörlich des Indischen Ozeans zu Hause. Die Mangrovengewächse, die zur Familie der Rhizophorazeen gehören, bilden ein wichtiges Ökosystem an Küsten mit Tropenklima. Sie wachsen in salzhaltigen Gegenden und Lagunen und sind mit Pneumatophoren ausgestattet, das heißt Atemwurzeln, die aus dem Schlamm und Wasser ragen und so für den notwendigen Sauerstoffwechsel sorgen.

Das Reich der Felsen

Wer sich heute auf die Pisten wagt, die das Sinai-Gebiet durchqueren, darf sicher sein, eines der schönsten und überwältigendsten Naturschauspiele der Welt zu erleben. Zum Glück konnte dieses Land im Laufe seiner langen und qualvollen Geschichte seinen unverfälschten Charakter bewahren. Nicht der Mensch, sondern die Natur ist auch heute noch einziger Herrscher und zugleich Zeuge einer verrinnenden Zeit, die seit Jahrhunderten unverändert geblieben ist.

Der Besucher von Sinai wird gefangengenommen vom Zauber der bizarren Bergwelt mit seinen faltigen Felsen, der ständig wechselnden Kulisse der Sanddünen, die immer eine neue Form annehmen, sobald der Wüstenwind seine Richtung ändert. Hier ergründet man die tiefsten Geheimnisse des Beduinenlebens mit seinem ewig gleichen Rhythmus, der von den gleichen Dingen und den gleichen Gewohnheiten wie vor dreitausend Jahren skandiert wird. Hier folgt man dem ausgetrockneten Flußbett eines Wadi, wo es ringsum nichts als Felsen gibt und wo man plötzlich eine Vegetation entdeckt, die nur unter großen Schwierigkeiten überlebt und gedeiht.

Alles dies geht — neben der Spiritualität, die der Tourist innerhalb der Mauern des Katharinenklosters finden kann — vom Sinai aus, von dieser Welt aus Fels und Sand, Einsamkeit und Schweigen. Der Sinai ist vielleicht noch einer der wenigen Orte auf der Welt, wo der Mensch hoffen kann, zu sich selbst zu finden.

Felsen und Sanddünen wechseln sich in der charakteristischen Sinai-Landschaft ab.

Folgende Seiten: Bilder von der Felsenwüste des Sinai, den hier lebenden Beduinen, ihren Zelten und Wohnungen.

Eine Beduinenfrau in leuchtend farbigem Gewand: unerläßliches Zubehör war immer, und ist es auch heute noch, der Schleier. Die Frauen lassen sich nicht gern fotografieren, und sobald sie merken, daß die Kamera auf sie gerichtet ist, ziehen sie rasch den Umhang über das Gesicht, den sie auf dem Kopf tragen.

Die schlichten, aber farbenprächtigen Tuniken dreier Beduinenmädchen heben sich wirkungsvoll gegen den Wüstensand ab.

Zwei Beduinen mit ihren Kamelen in der Wüste auf dem Weg zum Katharinenkloster.

Auf diesen und den folgenden Seiten: An der Straße zum Katharinenkloster findet man diese seltsamen Felsformationen, die durch die Erosion des Windes entstanden sind.

Drei weitere Felsen, die vom Wüstenwind korrodiert, geschliffen und geformt wurden.

Zwei Ansichten des Katharinenklosters im Herzen des Sinai. Aus der Vogelperspektive erscheint das Kloster wie ein winziger Fleck, der sich in der grenzenlosen Felswüste zu verlieren scheint.

DAS KATHARINENKLOSTER

GESCHICHTE

Die kleinste Diözese der Welt ist zugleich das älteste christliche Kloster mit der reichsten Ikonen- und Handschriftensammlung, die wir kennen.
Erste Quellen über das Katharinenkloster finden wir in den Chroniken des Patriarchen Eutychios von Alexandria, der im 9. Jahrhundert gelebt hat: sie berichten, wie Helena, die Mutter Kaiser Konstantins, von der Heiligkeit dieser Orte so beeindruckt war, daß sie im Jahr 330 an der Stelle, wo sich einst der brennende Dornbusch befand, den Bau einer kleinen Kapelle veranlaßte. Die Kapelle wurde der Jungfrau Maria geweiht.
Während in den folgenden Jahren die wachsende Bedeutung des Klosters für die Christenheit durch zahlreiche kirchliche Schenkungen einerseits zur Bereicherung der Anlage führte, kam es auf der anderen Seite zu einer Reihe von Überfällen und Mordanschlägen durch die Nomadenstämme der Wüste.
Diese blutigen Raubzüge gegen die Mönche und Eremiten setzten sich durch das ganze 6. Jahrhundert fort, bis Kaiser Justinian im Jahr 530 eine wesentlich größere Basilika errichten ließ, die später Kirche der Verklärung Christi genannt wurde. Zum Schutz der Mönche gegen Überfälle ließ Justinian rund um das Kloster eine Festungsanlage bauen, die noch heute den Komplex kennzeichnet.
Nach der Eroberung Ägyptens durch die Araber im Jahre 640 wurde das Kloster zu einem Vorposten der Christenheit im grenzenlosen Reich des Islam. Der Überlieferung nach vereinbarte Mohammed persönlich im Jahr 625 den Schutz einer Mönchsdelegation, die sich zum Propheten begeben hatte. Eine Abschrift des Schutzabkommens wird noch heute im Kloster bewahrt.
726 setzte der Bilderstreit ein, und Kaiser Leo III. ordnete die Zerstörung sämtlicher Bilder in den Christengemeinden an. Das abgeschiedene Katharinenkloster konnte als einziges sein kostbares künstlerisches Erbe vollständig erhalten.
Auch während der unruhigen Zeit der Kreuzzüge re-

Drei Bilder des mächtigen Mauergürtels, der das Kloster umschließt, mit den Rundtürmen, die der gesamten Anlage etwas von ihrer Strenge nehmen.

gierten im Kloster Frieden und Stabilität. Der Krieg für die Befreiung der Heiligen Stätten führte wichtige Persönlichkeiten in das Kloster, wie Heinrich II. von Braunschweig, Philipp von Artois und Herzog Albert von Österreich.
Im Laufe der folgenden Jahrhunderte reisten zahlreiche Fremde in das Kloster, die, angezogen vom Reiz der biblischen Orte, nicht wenige Gefahren und beachtliche Mühen auf sich nahmen, um dieses Land zu besuchen. Die kühnsten unter ihnen bestiegen sogar die heiligen Berge. Diese ersten Touristen kamen aus allen Ländern Europas: Engländer und Franzosen, Deutsche und Holländer, und oft hinterließen sie ihre Namen eingraviert an den Wänden der Gebäude, vor allem im Refektorium.
Insbesondere waren es französische Wissenschaftler, die während der vorübergehenden Besetzung Ägyptens durch Napoleon dem Heer des Kaisers folgten und den Sinai und das Kloster beschrieben.
Dies hatte einen immer stärkeren Zustrom von Fremden zur Folge, in erster Linie von Malern und Schriftstellern.
Im 19. Jahrhundert änderte sich auch das Konzept des

Reisens an sich, und man kann bereits von Tourismus im modernen Sinne sprechen. Wer die Heiligen Stätten besuchte, unternahm gewöhnlich auch einen Ausflug zum Sinai und zum Katharinenkloster.
In der Folgezeit wurde dieses Gebiet zunehmend für den Fremdenverkehr erschlossen. Bequem zu fahrende, asphaltierte Straßen, gut ausgestattete Hotelkomplexe und ein neuer kleiner Flughafen in der Umgebung haben dazu beigetragen, daß immer mehr Touristengruppen diesen vom modernen Leben noch völlig unberührten, abgelegenen Ort als Reiseziel wählen.
Das Kloster gehört auch heute noch der griechisch-orthodoxen Kirche an. Die meisten Mönche hier sind Griechen, die nach der Ordensregel des hl. Basilius d. Großen, Bischof von Caesarea (um 330 bis 379), leben. Der Abt des Klosters wird von vier Archimandriten gewählt und vom Patriarchen von Jerusalem - er ist einer der sechs ökumenischen Patriarchen der griechisch-orthodoxen Kirche - sowie von den Patriarchen von Rom, Moskau, Alexandria, Konstantinopel und Antiochien, geweiht.
Als Erzbischof des Sinai trägt der Abt Mitra, Krone, Zepter und das goldene Kreuz.

Außenbau

Am Ende eines engen Tals, das durch die umliegenden Bergriesen noch kleiner wirkt, liegt in 1570 Meter Höhe das Katharinenkloster mit seinen mächtigen Wehranlagen, umgeben von einer Mauer aus rotem Granit, wie er hier zu finden ist. Das Kloster nimmt in etwa die Fläche eines unregelmäßigen Vierecks von etwa 85 mal 74 Metern ein. Die Höhe der Mauer schwankt zwischen 12 und 15 Metern, und die Mauerdicke erreicht an einigen Stellen einen Meter fünfundsechzig. In ihrem Verlauf trifft man auf viele eingeritzte Malteserkreuze aus dem 6. Jahrhundert.
An jeder Ecke, die jeweils in eine Himmelsrichtung weist, steht ein Turm. Ein innerer Wehrgang umläuft den gesamten Komplex. Die Ostecke wird von dem sogenannten "Kleber-Turm" bewacht.
An der Nordwestwand kann man noch die ehemalige Seilwinde sehen, die den Zugang zum Kloster ermöglichte, aber auch dem Transport der Speisen für die Mönche und für die am Fuße der Mauer rastenden Pilger diente. Direkt unter diesem "Aufzug" befindet sich die Tür, durch die heute die Besucher das Kloster

betreten: die originale Eingangstür rechts wurde im Mittelalter aus Verteidigungsgründen zugemauert, so daß es keinen Zugang zum Erdgeschoß des Klosters mehr gab.

Das Klosterinnere

Der erste Eindruck beim Eintritt in das Kloster ist der eines mittelalterlichen Dorfes. Die Gebäude, alle unterschiedlich in Form, Stil und Proportionen, drängen sich dicht aneinander. Kleine Höfe, Treppen, mit Geländer versehene Balkone, schmale Gänge, Galerien mit Gewölben und Rundbögen, spitze und flache Dächer, der Glockenturm und das Minarett der Moschee: alles scheint wie zufällig entstanden zu sein, ohne eine Ordnung oder ein bestimmtes Kriterium.
Und dennoch strahlt der Komplex ein wunderbares Gefühl der Harmonie und Geistigkeit aus.
Außer der Basilika der Verklärung Christi befinden sich im Kloster zwanzig Kapellen, die der Jungfrau Maria und den Schutzheiligen geweiht sind und nur bei den jeweiligen Patronatsfesten benutzt werden.

Die Kopie der Urkunde, mit der Mohammed den Schutz des Klosters garantierte.

Malerischer Blick vom Glockenturm.

Das antike Eingangstor des Klosters wurde mit einer Seilwinde geöffnet.

Mehrere Brunnen versorgen das Kloster mit Wasser. Der größte, unmittelbar rechts hinter dem Eingang, ist als Bir Musa oder Mosesbrunnen bekannt. Es wird überliefert, daß Moses hier den Töchtern des Jitro begegnet sei, unter anderem der ältesten, Zippora, die später seine Frau wurde.

BASILIKA "VERKLÄRUNG CHRISTI"

Mehr als einer Basilika gleicht diese Kirche einem Museum, da sie unzählige kostbare Kunstwerke birgt. Man betritt die Basilika durch eine mächtige Eingangstür im Fatimidenstil des 12. Jahrhunderts, die unmittelbar zum Narthex führt, wo unter dicken Schutzgläsern eine herrliche Ikonensammlung vom 5. bis 7. Jahrhundert ausgestellt ist. Wir können sie hier nicht alle aufzählen, doch besonders beachtenswert sind *Der hl. Petrus und die Jungfrau mit dem Kind zwischen den Heiligen Theodor und Georg, Christi Himmelfahrt, Christus Pantokrator* usw.
Auch die nächste Tür ist ein Meisterwerk. Man vermutet, daß es sich um die Originaltür der Kirche Justi-

Basilika der Verklärung Christi: Fassadendetail mit Glockenturm.

Ein Lünettenfresko stellt die Verklärung Christi dar.

nians handelt. Sie ist aus Zypressenholz und gehört zu den ganz seltenen Holztüren der frühen Christenheit, die zu uns gelangt sind. Sie besteht aus achtundzwanzig geschnitzten Bildfeldern, auf denen typisch christliche Motive, wie der Pfau, der Rebstock usw. dargestellt sind.

Der 40 Meter lange und 20 Meter breite Innenraum wird durch zwölf monolithische Säulen in drei Schiffe geteilt. Die Säulen stellen die Monate des Jahres dar und sind mit der Ikone des in dem entsprechenden Monat verehrten Heiligen geschmückt. Die Säulen tragen mächtige Figurenkapitelle, die alle untereinander verschieden sind.

Das Mittelschiff schließt mit der Apsis ab, die Seitenschiffe mit zwei Kapellen. Wunderschön sind die reichgeschnitzten Stühle zwischen den Säulen, die mit Miniaturen verzierte Kanzel und der Bischofsthron aus dem 19. Jahrhundert, den ein armenischer Künstler bemalt hat; die Darstellung zeigt das ursprüngliche Kloster, das von Moses und der hl. Katharina getragen wird. An den Wänden erscheinen ringsum Ikonen und Gemälde mit Szenen aus dem Alten und Neuen Testament.

Das berühmte Mosaik der Verklärung Christi.

Reichdekorierte Tafel.

Gesamtansicht und Detail zweier Bildtafeln der wunderschönen Ikonostase in der Basilika.

Gesamtansicht der Ikonostase.

Auf diesem Fresko mit der Jungfrau Maria und dem Kind als beherrschendem Bildteil ist neben den Figuren des Moses und der hl. Katharina eine ehemalige Darstellung des Klosters zu erkennen.

Von der Holzdecke (18. Jh.) mit Goldsternen auf grünem Untergrund hängen fünfzig Lampen und Kandelaber herab, die meisten von ihnen aus Straußenei. Nach der orthodoxen Tradition befindet sich der Altar hinter der Ikonostase. Diese besteht aus vier geschnitzten und vergoldeten Holztafeln mit den Ikonenbildern *Christus*, die *Jungfrau Maria*, die *heilige Katharina* und *Johannes der Täufer*. Darüber ein mächtiger *Christus am Kreuz*. Jeremias von Kreta bemalte Anfang 17. Jahrhundert die Ikonostase, die der Patriarch der Insel, Cosmos, später dem Kloster schenkte.
Hinter der Ikonostase, über dem Hochaltar, befindet sich der wohl kostbarste Schatz der Basilika, das großartige *Mosaik der Verklärung Christi*. Das auf das 6. Jahrhundert datierbare Werk gehört aufgrund seiner fein abgestimmten Farbharmonie zu den schönsten Mosaiken, die wir kennen. Im Stil ähnlich wie das Mosaik in der Hagia Sophia in Istanbul, stellt es in der Mitte den Verklärten Christus dar, die beiden Propheten Moses (rechts) und Elias (links), und zu seinen Füßen die Apostel Petrus, Jakobus und Johannes; daneben erscheinen dreißig weitere biblische Gestalten, unter anderem der Täufer, die Jungfrau Maria, die

Der sogenannte "Mosesbrunnen", wo der Prophet die Töchter des Jitro getroffen haben soll.

An dieser Stelle soll Moses der Überlieferung nach den Brennenden Dornbusch erblickt haben.

Evangelisten, Propheten des Alten Testaments und die Apostel.
Die in den Farben Dunkelblau, Rot und Grün ausgeführten Figuren heben sich von einem abstrakten, dunklen Goldgrund ab.
Der Hochaltar besteht aus einer schönen, mit Perlmutt inkrustierten Marmorplatte, die auf sechs schlanken Säulen ruht: es handelt sich um eine wertvolle Arbeit eines Athener Künstlers aus dem 17. Jahrhundert.
Die beiden Sarkophage sind ein Geschenk zweier russischer Zaren: einen stiftete Peter d. Große 1680 dem Kloster, den anderen Alexander II. im Jahre 1860.
In dieser Basilika werden die schon erwähnten, kostbaren Reliquien der Heiligen bewahrt, die Tag und Nacht von zahlreichen silbernen Öllampen beleuchtet werden.

DIE KAPELLE DES BRENNENDEN DORNBUSCHES

Diese meistverehrte Kapelle des Klosters betritt man, wie einst Moses auf Geheiß Gottes, auch heute noch barfuß, um die Heiligkeit dieses Ortes zu ehren. "*Leg deine Schuhe ab; denn der Ort, wo du stehst, ist heiliger Boden.*" (Exodus, 3,5).
Hier sah Moses der Überlieferung nach den brennenden Dornbusch, hier offenbarte sich ihm Gott zum ersten Mal in seiner Macht, die ihm Furcht einflößte. Die Kapelle ist winzig klein, kaum drei mal fünf Meter, jedoch reich dekoriert mit schöner blauer Keramik.
Ein von vier schlanken Marmorsäulen getragener Altar steht an der Stelle, wo sich die Wurzeln des Dornbusches befinden. Der Busch wurde nach draußen verpflanzt, um über den Wurzeln den Altar errichten zu können.
Obgleich die übrigen Gebäude des Klosterkomplexes in der Regel nicht für die große Touristenmasse zugänglich sind, kann man sie auf Anfrage dennoch besichtigen.
Neben der Basilika befindet sich in einem architektonisch und symbolisch eigenartigen Gegensatz die **Moschee**, ein schlichtes rechteckiges Gebäude mit einem etwa zehneinhalb Meter hohen Minarett. Heute beherbergt sie nicht nur die Pilger islamischen Glaubens, die das Katharinenkloster besuchen, sondern auch das muselmanische Personal, das im Kloster arbeitet.

Neben dem Minarett erhebt sich der dreistöckige **Glockenturm**, der im neunzehnten Jahrhundert von einem Mönch Gregorius erbaut wurde. Die neun Glocken, jede anders in der Form, sind ein Geschenk der Russischen Kirche.

Von den übrigen Klostergebäuden kommen dem Refektorium und der Bibliothek die größte Bedeutung zu.

Das mit gotischen Bögen bedeckte **Alte Refektorium** betritt man von der Basilika aus: der 17 Meter lange und 5 Meter breite Raum wird von einem einzigen Fenster beleuchtet. Blickfang des Saales ist ein geschnitzter Holztisch mit religiösen Motiven und Blüten; an den Wänden eine Reihe schöner Gemälde und Ikonen.

Der Stolz des Katharinenklosters ist die **Bibliothek**, ein 15 Meter langer und mehr als 10 Meter breiter Raum. Hier werden kostbare Kodizes und Handschriften aufbewahrt, derentwegen das Kloster mit Recht berühmt ist.

Die Sammlung des Katharinenklosters stellt zahlenmäßig und auch aufgrund des unschätzbaren Wertes der Bücher die bedeutendste Bibliothek nach der des Vatikans dar. Hier werden über sechstausend Handschriften und Bücher aufbewahrt, von denen die meisten in griechischer Sprache verfaßt sind. Die restlichen Bände sind arabische, armenische, koptische, georgische und syrische Werke. Es handelt sich hauptsächlich um theologische Texte, jedoch verfügt die Bibliothek auch über historische und wissenschaftliche Bücher.

Aus dieser Bibliothek stammen unter anderem zwei der bedeutendsten und berühmtesten Kodizes des Altertums: der *Codex Syriacus* und der *Codex Sinaiticus*. Ersterer wurde Ende neunzehntes Jahrhundert entdeckt; es handelt sich um die syrische Version der Evangelien, die auf das 4. Jahrhundert datierbar ist. Die Geschichte des zweiten Kodex ist schlicht abenteuerlich zu nennen. Zusammen mit dem *Codex Alexandrinus* in London, dem *Codex Vaticanus* in Rom und dem *Codex Ephraem* in Paris gehört der in diesem Kloster aufgefundene Kodex zu den wertvollsten handschriftlichen Bibelausgaben überhaupt. Es handelt sich um die Kopie des griechischen Originals des Neuen Testaments, dessen unschätzbarer Wert in der Tatsache liegt, daß sie die einzige Abschrift des Neuen Testaments in der original griechischen Version darstellt, die wir heute besitzen. Der Text wurde möglicherweise in Caesarea verfaßt, und seine Entdeckung führte zu einer Umwälzung sämtlicher biblischer Theorien, denn

aus einer gründlichen Analyse ging hervor, daß das Markus-Evangelium zeitlich vor den Evangelien des Matthäus und Lukas geschrieben wurde.
Bis zum 24. Februar 1859 wachten die Mönche dieses Klosters eifersüchtig über den Kodex. Dann kam eines Tages ein Wissenschaftler aus Leipzig namens Konstantin von Tischendorf ins Kloster mit einem Brief, der ihn dazu berechtigte, den Kodex vorübergehend mitzunehmen, um eine Kopie anzufertigen. Seit diesem Augenblick haben die Mönche das Buch nicht wiedergesehen. Der Kodex wurde nach Petersburg gebracht und Zar Alexander II. zum Geschenk gemacht. Nach der Revolution von 1917 verkaufte man den kostbaren Kodex für hunderttausend Pfund Sterling nach England, wo er sich noch heute im British Museum befindet.
Neben den Kodizes besitzt das Museum die größte Ikonensammlung der Welt ... über 2000 Werke, deren Datierung zwischen dem 5. und 7. Jahrhundert schwankt und von denen viele in Enkaustik-Technik ausgeführt sind. Zahlreiche Ikonen stammen auch aus der Zeit des Bilderstreits, als das Katharinenkloster der einzige Ort war, der von der Zerstörung der Heiligenbilder verschont geblieben war.

Kapelle des hl. Tryphon: Außen- und Innenansicht mit den Schädeln der Mönche.

Außerhalb der Klostermauern, an der Nordwestseite, öffnet sich dem Blick der herrlich grüne **Klostergarten**. In dem terrassenförmig angelegten und von Zypressen umgebenen Garten wachsen Obstbäume aller Art, wie Orangen-, Zitronen-, Birnen- und Aprikosenbäume, sowie Weinstöcke und Olivenbäume.
Daneben steht die Kapelle des hl. Tryphon. Hier befindet sich das **Ossarium** (Beinhaus) des Klosters mit Hunderten von Schädeln und Knochen von Mönchen, die im Katharinenkloster gelebt und gebetet haben und die hier gestorben sind. Eines der Skelette ist vollkommen bekleidet und trägt eine lila Kopfbedeckung: es handelt sich um den 580 verstorbenen hl. Stephanus.

Außenansicht des Klosters.

DIE HEILIGE KATHARINA

Die Heilige, deren Namen das Kloster heute trägt, wurde im Jahr 294 als Dorothea, Tochter einer reichen Adelsfamilie in Alexandria geboren. Nachdem sie Christin geworden und auf den Namen Katharina getauft worden war, wurde sie mehrmals gefoltert, doch verleugnete sie nie ihren Glauben und wurde am 25. November 305 enthauptet. Die Legende berichtet, daß aus ihren Wunden Milch statt Blut floß, als sie den Martertod erlitt.

Katharina wurde in Alexandria beigesetzt, doch vergingen fünf Jahrhunderte, bevor ein Mönch vom Sinai eine Vision hatte, in der Engel den Leib der Heiligen auf die Spitze eines nahegelegenen Berges trugen, wo sie unversehrt geblieben wäre. Als einige Mönche auf den Berg stiegen, fanden sie den makellosen Körper der Märtyrerin. Der Leib der Jungfrau verströmte eine überaus süße Myrrhe, die in Ampullen gesammelt wurde, da man sie für wundertätig hielt. Von einem der Mönche namens Simon wird gesagt, daß er sieben Jahre lang neben dem Leichnam der Heiligen ausharrte und betete, sie möge ihm einen Teil ihrer Hand schenken: endlich lösten sich von der linken Hand der Heiligen drei Finger, die der Mönch in das Dreifaltigkeitskloster von Rouen brachte.

Alle diese Geschichten, die von den Kreuzfahrern nach ihrer Rückkehr aus dem Heiligen Land erzählt wurden, verbreiteten sich in Europa, und Katharina, deren Geschichtlichkeit bis heute unmöglich nachzuweisen ist, wurde in kurzer Zeit eine der populärsten Heiligen der christlichen Welt.

Die Mönche beschlossen endlich, die Reliquien vom Berg ins Kloster zu überführen, die beide nach der Heiligen benannt sind: Djebel Katherin und Katharinenkloster. Alles dies ereignete sich wahrscheinlich zwischen dem X. und XI. Jahrhundert: der Schädel der Heiligen, bekränzt mit einer edelsteinbesetzten Goldkrone, und die mit Ringen und Gemmen geschmückte linke Hand wurden in kostbaren Silberschreinen verschlossen und in einem Sarkophag neben dem Alter der Verklärung-Christi-Kirche bewahrt. Jedes Jahr am 25. November wird zur Erinnerung an den Todestag der Heiligen eine feierliche Prozession abgehalten, bei der die beiden Reliquiare um die Basilika getragen werden.

Zwei Winterbilder vom Djebel Musa oder Mosesberg.

MOSESBERG (DJEBEL MUSA)

Ein wenig abseits südlich des Katharinenklosters erhebt sich der 2250 Meter hohe Djebel Musa oder Mosesberg, der in der Bibel Berg Horeb genannt wird. Hier soll der Gott Israels Moses die Gesetzestafeln mit den Zehn Geboten gegeben haben. Den von den drei großen monotheistischen Religionen (Judentum, Christentum, Islam) für heilig gehaltenen Djebel Musa kann man in etwa drei Stunden besteigen. Auf den Gipfel führen mehrere Wege; der bekannteste ist der "sikket Sayidna Musa" oder "Pfad unseres Herrn Moses", der unmittelbar hinter dem Kloster beginnt. Auf halbem Weg kommt man zu einer Quelle namens "mayet Musa", auch Moses-Quelle genannt, wo der Überlieferung nach der Prophet seine Herde tränkte. Die sogenannte "Moses-Treppe" besteht aus mehr als dreihundert Granitstufen; sie wurde der Legende nach von einem einzigen Mönch gebaut, der mit seinem Werk ein Gelübde einlöste. Danach erreicht man das sogenannte "Beichttor", wo die Pilger einst bei einem Eremiten, der ständig an diesem Ort lebte, ihre Sünden beichteten. Erst nach der Absolution durften die Pilger ihren Weg bergauf fortsetzen, wo sie das "Glaubenstor" erreichten; hier ließen sie ihre Schuhe zurück und erklommen, wie einst Moses vor dem Angesicht Gottes, barfuß den Berggipfel. An dieser Stelle hatte Kaiser Justinian eine kleine Kapelle errichten lassen, die mehrmals zerstört wurde. Auf den Ruinen der letzten Kapelle wurde 1934 die heutige Kirche erbaut.
Die Reste des zweiten Gebäudes stammen von einer Moschee: die Beduinen behaupten, an diesem Ort sei Nabi Saleh in den Himmel erhoben worden.
Die meisten Besucher warten hier oben bis zum Morgengrauen, wenn die ersten Sonnenstrahlen alle Felsen ringsum und dann in südlicher Richtung den Golf von Akaba erleuchten.

Eine weitere Ansicht des Mosesberges: die Kapelle verschmilzt beinahe mit dem Felsgestein.

Dieser Pfad führt auf den heiligen Berg.

Der Gipfel des Djebel Musa aus der Vogelperspektive.

Das warme Licht des Sonnenuntergangs läßt die Felsen des Sinai in einer einzigartigen Farbe erstrahlen.

KATHARINENBERG (DJEBEL KATHERIN)

Mit seinen 2642 Metern ist er der höchste Berg der ganzen Sinai-Halbinsel. Er verdankt seinen Namen einer Legende, nach der Engel den Körper der in Alexandria zu Tode gemarterten Heiligen hierher getragen haben. Der Aufstieg auf den Gipfel ist ein Fußmarsch von mindestens fünf Stunden. Auf dem Weg kommt man am **Kloster der 40 Märtyrer (Deir al Arbain)** vorbei, das an die vom Stamm der Blemmi getöteten Mönche erinnert.
Oben auf dem Berg steht die **Kapelle** der hl. Katharina,

Das weiße, kuppelgekrönte Gebäude in der Nähe des Katharinenklosters ist das Grab des Propheten Nabi Saleh, den die Beduinen des Sinai seit jeher als ihren Lokalheiligen verehren.

Drei Landschaftsbilder im Umkreis des Katharinenklosters: ein Beduine mit seinem Kamel und die vom Wind ausgehöhlten Felsen.

Auf den folgenden Seiten: Vier Ansichten der Berglandschaft rund um das Katharinenkloster.

die der Mönch Kalixtus erbaut hat. Ein Altartuch bezeichnet die Stelle, an der die sterbliche Hülle der heiligen Katharina aufgefunden worden war. Für Pilger und Touristen, die hier die Nacht verbringen möchten, stehen neben der Kapelle zwei Räume zur Verfügung. An klaren Tagen genießt man vom Gipfel des Djebel Katherin eine unbeschreibliche Aussicht: fast die gesamte Sinai-Halbinsel breitet sich wie ein riesiger Fächer aus Stein und Fels vor unseren Augen aus, vom Golf von Suez bis zum Golf von Akaba, von den afrikanischen Gebirgen im Westen bis zu den Gebirgen der arabischen Halbinsel im Osten.

Pflanzen und Blumen: das Leben in der Wüste

Trotz des ausgedörrten Bodens und unbarmherzigen Klimas ist es manchmal überraschend zu sehen, welche Vielfalt an Vegetation dieses Ökosystem hervorbringt. Auf dieser und der linken Seite: einige Exemplare der Arten, die man in diesem Mikrokosmos beobachten kann.

Feiran, die "Perle des Sinai", mit seiner herrlich grünen Oase, in der Palmen und Tamarisken wachsen.

OASE FEIRAN

"Die ganze Gemeinde der Israeliten zog von der Wüste Sin weiter, von einem Rastplatz zum andern, wie es der Herr jeweils bestimmte. In Refidim schlugen sie ihr Lager auf...... Als Amalek kam, und in Refidim den Kampf mit Israel suchte, ..." (Exodus, 17, 1 u. 8).
Das biblische Refidim ist das heutige Feira, das die Araber gern "Perle von Sinai" nennen. Umgeben von gigantischen Felsmassiven und überragt von dem 2079 Meter hohen Djebel Serbal, gleicht diese Oase einem wahren Paradies.
Sie erstreckt sich über etwa vier Kilometer, ein grüner Streifen mit Dattelpalmen und Tamerisken, dazwi-

schen verstreute Lehmhäuser. Hier wird ein wenig von allem angebaut: Mais, Gerste, Weizen, Tamerisken; den Hauptanteil macht jedoch die Dattelernte aus.
Der Bibel zufolge führte das Volk Israel hier seinen ersten Kampf, und im Buch Exodus (17, 11) heißt es weiter: *"Solange Moses seine Hand erhoben hielt, war Israel stärker; sooft er aber die Hand sinken ließ, war Amalek stärker."*
Dort, wo der Überlieferung nach unter der Führung Josuas schließlich der von den Israeliten gewonnene Kampf stattgefunden hat, wurde später ein kleines Kloster errichtet, das dem Katharinenkloster unterstand. Die winzige Konventkirche bewahrt heute einige

Bilder aus der Oase Feiran: die Konventkirche steht auch heute noch mitten in der Klosteranlage; die zur Kirche führende kleine Allee; Blick auf die Oase und die Ruinen der ehemaligen Kirche von Feiran.

Die Landschaft bietet überall überraschende und kuriose Details: eine Palmengruppe, eine alleinstehende Akazie, das ausgetrocknete, grünlich schimmernde Bett eines Wildbaches.

sehenswerte Ikonen, Steinkapitelle und Säulenstümpfe aus dem 5. Jahrhundert.
Die Stadt Feiran wird bereits im 2. Jahrhundert urkundlich erwähnt und war vom 4. bis 7. Jahrhundert Bischofssitz. Viele Mönche und Eremiten suchten hier Zuflucht, um zu heilen und zu meditieren, bis sie von den Muselmanen vertrieben wurden. Das Kloster verfiel, wie auch eine Basilika und zwei Kirchen zerstört wurden, die Feiran bis ins 12. Jahrhundert besaß, als die Stadt noch einmal für kurze Zeit aufblühte. Von letzterem Gebäude zeugen heute nur noch malerische Ruinen, die fast gänzlich mit dem Fels der Gebirgslandschaft verschmolzen sind.

Ein Jeep mit Touristen auf der nicht ungefährlichen Straße zum Cañon.

Ein Abschnitt des Cañons mit seinen schneeweißen Kalkfelsen.

Wie ein Spiel der Natur muten die vielgestaltigen Felsen des Cañons mit ihren bizarren Formen und Farben an: charakteristisch sind in diesem Teil die sogenannten "Elefantenfüße".

Auf den folgenden Seiten: Vier Bilder vom Eingang ins Cañon.

ENTLANG DER KÜSTE

Rund 100 Kilometer von Scharm-esch-Scheich entfernt befindet sich das kleine Touristenzentrum Dahab, das sich am Golf von Akaba zwischen hohen Bergen und über drei Oasen erstreckt. Hier gibt es keine großen Hotelkomplexe, doch vermitteln die Bilder auf diesen Seiten einen Eindruck von den Naturschönheiten und der freundlichen Atmospäre, die diesen Ort kennzeichnen.

Nuweiba, ein kleines Städtchen nördlich von Dahab, entwickelt sich gegenwärtig zu einem beliebten Ferienort mit schönen Stränden, einem herrlichen Küstenriff und schönen Apartment-Anlagen. Die Bilder zeigen die Strände und malerische Winkel des Städtchens.

SUPER MARKET
CAMP DAVID

Ansichten des Küstenabschnitts nördlich von Nuweiba in Richtung Taba, einem Ort in der Nähe der Grenze nach Israel.

Die Pharaoneninsel liegt wenige Kilometer vor Taba entfernt und ist von herrlichen Korallenriffs umgeben. Die Insel mit der alten Burg ist ein beliebtes Ausflugsziel.

Das Reich des Wassers

Mit der Taucherbrille durch das Korallenriff im Roten Meer zu schwimmen, ist eine einmalige Gelegenheit, ein Stückchen unberührte und märchenhafte Unterwassernatur zu erleben.
Im Gegensatz zur allgemeinen Überzeugung ist Tauchen ein Sport, der allen zugänglich ist, da keine besonderen physischen Voraussetzungen erforderlich sind. Jeden Morgen legen Dutzende mit Touristen besetzte Boote von den Landungsstegen in Scharm-esch-Scheich ab und fahren dorthin, wo es die schönsten Meeresgründe und interessantesten Korallenformationen gibt. Man braucht kein Experte im Sporttauchen zu sein, um alles dies bewundern zu können: wenige Schwimmstöße vom Ufer genügen, um in eine phantastische Welt einzutauchen, in der Raum und Klang aufgehoben sind.

Ein junger und ein ausgewachsener Diadem-Kaiserfisch (Pomacanthus imperator).

Was hier neben den Tausenden von tropischen Fischarten überrascht, ist die unendliche Vielfalt an Korallen. Dabei ist der Gedanke kurios, daß der Mensch erst im 18. Jahrhundert feststellte, daß die Korallen keine Meerespflanzen sondern Kalkskelette von Anthozoen sind. Glücklicherweise darf man keine Korallen mitnehmen, und solange der Mensch diese Oase des Friedens und der Naturschönheit schützt, werden sie weiterhin magisch im Wasser leuchten und diese irreale Unterwasserwelt bevölkern.

Linke Seite: eine Manta oder Teufelsrochen (Manta sp.) *und ein Schwarm von Barrakuda* (Sphyraena sp.).

Auf dieser Seite: ein Rundkopf-Fledermausfisch (Platax orbicularis) *und eine Blauflossenmakrele* (Caranx melampygus).

Folgende Seiten: einige Riesensoldaten (Adioryx spinifer) *und ein Rotfeuerfisch* (Pterois volitans).

INHALT